Poŝtmarkoj el Esperantujo

Poŝtmarkoj el Esperantujo

To Richard,
my first Book,

Steven D. Brewer

Atlatl Studios

Al Philip:

Fratoj fidelaj ĝis fino.

post la ferio...
samloke kie estis
la jugo restas

after the vacation...
just where it was
the yoke remains

knaboj vekiĝas
palpebrumas kaj grumblas...
ek al la lernej'

the boys wake up
blinking and grumbling...
it's off to school

malplena taso
la kafmaŝino grumblas...
same kiel mi

an empty cup
the coffee machine grumbles...
same as me

la sama pirarb'
   ankoraŭ atendas min...
      la sama esprim'

            the same old pear tree
           still waiting for me...
              the same expression

en oficejo...
    paŝi tra verda kampar'
      la menso vagas

                in the office...
         walking through green fields,
            the mind wanders

evit-okule...
    la maljunulo en la
      perfida spegul'

              averted eyes...
        the old timer in the
        perfidious mirror

je tagiĝo
   daŭre falas la neĝo...
      senkolora mond'

               at daybreak
            snow still falls..
        monochrome world

veki post la sun'...
  daŭre dormas en la ombroj
    la lasta neĝo

        waking after sunrise...
        sleeps on in the shadows,
          the last of the snow

frue vendrede
  la koridoroj malplenas...
    nur lampzumado

          early Friday
          the halls are empty...
          a fluorescent hum

kun kaŝa silent'
malantaŭ la kurtenoj...
venas la vesper'

with concealing silence,
behind the curtains...
comes the evening

post la semajnfin'...
   la vendredaj fenestroj
     sur la ekrano

after the weekend...
the windows from Friday
    on the screen

pluva dimanĉo...
   ĝustigi la horloĝojn
    povas atendi

a rainy Sunday...
fixing the clocks
    can wait

arbo maljuna...
    kurbigitaj la brancoj
      peza je floroj

an old tree...
the branches bent
heavy with flowers

ruĝe noktiĝas...
  briletas acerfloroj
    en griza nebul'

          red falls the night...
          maple flowers glow
              in a gray fog

zorge paŝeviti
  senhejmigitajn vermojn...
    post la pluvego

                carefully avoiding
              worms made homeless...
            after the big rainstorm

la pura aer'
    kaj printempa malvarmum'...
        flor' senodora

            the pure air
    and a springtime cold...
        scentless flower

frostan matenon...
    prujno daŭras sur aŭto
        por feriotag'

                on a frosty morn...
            frost stays on the car
                for the holiday

malsekaj ŝildoj
    sub batanta pluvego...
        loka balotad'

                    wet signs
        under a driving downpour...
            local elections

ja venas printemp'...
kapjesas la narcisoj
sur mia tablo

spring is indeed coming...
the daffodils nod
on my tabletop

malalta ĉiel'...
   post momenta sunbrilo
     ombroj paliĝas

               a low sky...
      after a moment of sunshine
            shadows fade

frostfrumatene...
   el nokta bufkoruso
     trilas nur unu

        early, chilly morning...
    of the nighttime toad chorus
         just one trills

aŭdiĝas frapet'...
malnova pluvbarelo
denove plena

comes a tapping...
the old rain barrel
made full again

blua garolo...
    kiel rusta pumpilo
        raŭke grakadas

                              a blue jay...
            like a rusty pump goes on
                        hoarsely croaking

vintra dimanĉo...
    paruoj manĝas semojn
        mi trinkas kafon

                          a wintry Sunday...
        chickadees eat their birdseed
                    I drink my coffee

sub la acero
kvazaŭ sango-lageto...
malfruas la sun'

under the maple
as if a pool of blood...
late is the sun

post la semajnfin'...
    kuŝas mask' forĵetita
        nenion diras

        after the weekend...
        a mask lies discarded
                says nothing

malhelajn nubojn...
    homoj, birdoj, kaj arboj,
        ĉio atendas

            dark clouds...
        people, birds, and trees
            everything waits

ŝi preterkuras...
   kaj la cetera mondo
      haltas momente

              she runs by...
     and the rest of the world
         stops for a moment

dorna dipsako
    vekiĝas kaj verdiĝas...
        levas foliojn

                    thorny teasel
            awakes and greens up...
                    lifts its leaves

herbaĉa ĝarden'...
    daŭrigas sian vigilon
        ŝtona leono

                    a weedy garden...
            maintaining his vigil
                    a stone lion

kapsiketaĵo...
    spica manĝo, sed ankaŭ
        sekvamatene

                    chili...
            spicy food, but also
                the next morning

samkiel reĝo...
    eniri kaj sidiĝi
        sur blankan tronon

                like a king...
            entering and sitting
            upon the white throne

la ventoj blovas
    dekstreme tra la lando...
        sterka odoro

                the winds are blowing
        to the right through the country...
                the smell of manure

finfine la sun'
  super orienta mont'...
    ekbrilas arbar'

            finally the sun
        above east mountain...
          the forest takes light

belegas ĉiel'
  per puraj okulvitroj...
    sed ne helpas ŝin

          a gorgeous sky
      through the clean eyeglasses...
          but they don't help her

el la pluveg'
  kun gutoj sur okulvitroj...
    sekiĝas ĉemiz

          out of the downpour
      with drops on my glasses...
          shirt drying

apud parkejo...
   forĵetitaj boteloj
      kaj erofiloj

by the parking lot...
   discarded bottles
   and whitlow-grass

antaŭferie
    jam forestas studentoj...
        nur la paseroj

                before the holiday
        the students are already gone...
                just the sparrows

sur batalkampo...
    kie staris palisar',
        aliario

            on the battlefield...
        where stood the palisade
                garlic mustard

planedo brilas
en fruvespera ĉiel'...
stelojn invitas

a planet shines
in the early evening sky...
inviting stars

senhejma drinkul'
  ankoraŭ sur la benko...
    aliaj hastas

          a homeless drunk
      still sitting on a park bench...
          others hurry by

fora nokt-trajno
  kaj zumado stratlampa...
    vesperto ĉasas

          a distant night train
        and streetlight's humming...
          a bat on the hunt

meznokte ŝviti...
senvente kaj malseke
tro pezas aer'

sweating at midnight...
windless and humid
too heavy the air

per ruĝa ĉielo...
la unuan de majo
festas eĉ la sun'

with a red sky...
even the sun celebrates
May Day

ŝiaj okuloj
al mi rigardas supren...
buŝo jam plena

her eyes
look up at me...
her mouth full

ruĝa kardinal'
    kiel floro sur branĉo...
        tre laŭta floro

                    a red cardinal
            like a flower on a branch...
                    a very loud flower

lokaj persikoj...
   pli etaj sed pli dolĉaj
      ol la aliaj

            local peaches...
         smaller, but sweeter
            than the others

sub sola acer'
   en kampo ĵus plugita...
      ombro bonvena

            under a lone maple
         in a freshly-plowed field...
            some welcome shade

plata bruna ter'
   kie staradis arbar'...
      la rent' de l' homar'

      the flat brown earth
      where stood a forest...
   the unearned income of mankind

betona mondo
   sub la urbegaj stratoj...
      strangolaj fumoj

           a concrete world
    below the metropolitan streets...
          strangling fumes

la mort' sin kaŝas...
   preter la horizonto
   malantaŭ arbo

         death is hiding...
      beyond the horizon
        behind a tree

post la geedziĝ'...
ĉiutagajn vestaĵojn
du orajn ringojn

after the wedding...
wearing everyday clothes
two golden rings

tintas ediĝring'
  en la matena silent'...
    kontraŭ kaftaso

      my wedding ring clinks
     in early morning's silence...
       on my coffee cup

la pala vizaĝ'
  kaj malicaj okuloj...
    kolera edzin'

      the pale face
    and malevolent eyes...
      angry wife

perdita hundo
malpura kaj malbela...
sed bona pico

a lost dog
dirty and ugly...
but good pizza

sur tapiŝpeco
   parke dormas la drinkul'...
      postsomertage

               on a carpet scrap
      the drunk sleeps in the park...
               by indian summer day

staras almozul'
   inter la solidagoj...
      pretervidante

                  a beggar
      standing in the goldenrod...
            looking past it all

ankoraŭ la mar'...
ligas teron al ĉiel'
preter ia songˆ'

still the sea...
linking earth to the sky
beyond any dream

flosas blanka flor'
    ĉe malhela magnoli'...
        velo sur maro

                a white flower floats
            on the dark magnolia...
                a sail on the sea

post matenmanĝi
    gaje babilas fontan'...
        nun mi aŭskultas

                after breakfast
        the fountain cheerfully babbles...
            now I am listening

tiu ombra bel'
    sub la montet' Venusa...
        martelas la kor'

        shadowy beauty
    below the mound of Venus...
        the heart hammers

alten hirundoj
kontraŭ lazura ĉiel'...
pego frapadas

swallows soar upwards
against a cerulean sky...
a woodpecker hammers

ŝtormo finiĝas...
la rivero spegulas
ŝtalan ĉielon

the storm passes...
the river mirrors
a steel sky

nokte kaj tage
　　turnas la aerumil'...
　　malsanuleja

　　　　　　night and day
　　the fan turns ceaselessly...
　　　　　　in the hospital

papera taso
   momente tute plena...
      leviĝas vapor'

                  a paper cup
           momentarily full up...
                steam rises

iom post iom
   la ĉambro malpleniĝas...
      senfina kunsid'

              little by little
          the room empties out...
             endless meeting

ligna kamion'
   polvkovrite en angul'...
     brilas ekrano

      a wooden truck
   dustcovered in the corner...
      the screen gleams

daŭradas somer'
    inter la konstruaĵoj...
        dum la sun' brilas

                    summer lingers
                between the buildings...
                    while the sun shines

polva skatolo
    kun infanaj ludiloj...
        tiu olda urs'

                    a dusty box
                with children's toys...
                    that old bear

jen puŝo, jen tir',
la vento pupteatre...
dancigas arbojn

a push and a pull
makes the trees dance...
wind's puppet theatre

ankoraŭ verdas
    ĉiflanke de l' acero...
        kvazaŭ somere

            it still remains green
        on this side of the maple...
            as t'were still summer

ombroj rapidas
    preterkuras, turniĝas...
        mevoj sur la vent'

            shadows hurry
        wheeling, running by...
            gulls on the wind

dumnokte ĉien
    studentoj vagas, drinkas...
    blua ekbrilad'

            by night everywhere
    the students wander drunkenly...
            blue lights flashing

inter aliaj
   unu kverko elstaras...
      trafas la sunlum'

                  among others
               one oak stands out...
            touched by the sunlight

meznokta pluvo...
   hundo en la ĝardeno
      korŝire bojas

               midnight rain shower...
            the dog in the yard barks
                  heartrendingly

kun seka mortbru'
la vent' skuas la kverkon...
hastas la suno

a dry death-rattle
the wind shakes the oak...
the sun hurries on

la pado vagas
    tra la koro de l' arbar'...
        eĥoj de pego

                the path winds
    through the heart of the forest...
            echoes of a woodpecker

senhaste la lun'
    rondiras la ĉielon...
        aŭtuna kampar'

                taking its time
    the moon circles the heavens...
                autumn fields

glaso da rumo...
　　unu aŭ du aŭ pli aŭ
　　　　ĝis ebriiĝo

　　　　　　a glass of rum...
　　　　　one or two or more
　　　　　　　or 'til drunk

nenio klara...
   lasta guto el botel'
      rumo kaj suko

            everything blurry...
         the last drop from the bottle
            rum and grapefruit juice

vespertarego
   en forlasita fabrik'...
      senruma festo

            a bat colony
         in the old factory...
         no rum at that party

rakontas fontan'
pri la songoj de l' river'...
de la karcero

a fountain speaks
of the dreams of the river...
from in prison

malsekaj ŝuoj...
   tre peza roso ĉirkaŭ
      nova arbeto

               wet shoes...
         very heavy dew around
            the new sapling

nebula vual'
   kaŝas la fontaneton...
      restas la muzik'

           a veil of mist
     conceals the little fountain...
        the music remains

sub la malhelo
  la muroj malaperas...
    batadas la kor'

        under the darkness
        the walls vanish...
        the heart beats on

tra nuba truo
   brilas momenta sunlum' -
      nudbrancôj oraj

                    a brief sunbeam
         through a hole in the clouds -
               naked braches gilded

vinagra odor'
   kaj zumado de l' vespoj...
      sub la pomarbo

               a vinegary smell
      and the buzzing of wasps...
            beneath the apple tree

lacaj junuloj...
volas dormi sendrinke
post plenplena tag'

tired youngsters...
going to bed not drunk
after a very full day

la vento-sonoj
  bruo de la fridujo...
    knaboj forestas

          sound of the wind
        noise of the refrigerator...
          the boys are away

la dolĉa liber'
  antaŭ la knaboj vekiĝas...
    sanktan pacon

          the sweet freedom
        before the boys wake up...
          sacred peace

benkoj senhomaj
   malsekaj pro la pluvo...
     ĉiuj rapidas

            empty benches
         wet from the rain...
      everyone's in a hurry

inter foliar'
  la margaropso kantas...
    tuttaga muzik'

        among the leaves
      a pearly-eyed thrasher...
       music all day long

kat-unge dornaj
  brakumas la akaci'...
    tenas kaj pikas

      with cat-claw thorns
     the acacia hugs...
      holds and pricks

je frua vekiĝ'
    fenestro malfermita...
        birdoj blekaĉas

upon waking early
    window open...
wretched bird calls

la flava muro...
   sunan tagon en kampar'
      eĉ dum la nokto

            the yellow wall...
         a sunny day in the country
            even at night

meztaga sunlum'...
   abeloj okupiĝas
      je ĉiu krokus'

            noon sunshine...
            bees are busy
            at each crocus

surmontavoje...
    ĉielaj papilioj
        bluflora lago

            a mountain road...
            heavenly butterflies
                blue flower lake

ĉiaj abeloj
    are florojn perfortas...
        nerimarkite

                    all kinds of bees
            having their way with flowers...
                        no-one notices

cel' forgesita...
    ginkgonuksojn kolekti
        apud trotuar'

                    goal forgotten...
            collecting ginkgo nuts
                    by the sidewalk

avinjo ĝemas
pro artikoj doloraj...
sed nepon portas

grandma groans
about painful joints...
but carries her grandchild

varma kaj seka
      sub tuko kaj tegmento...
            infanaj sonĝoj

                        warm and dry
            beneath the covers and the roof...
                        childhood dreams

ginko-folio
      transblovas la padon...
            kara fremdul'

                  ginkgo leaf
            blows across the path...
                  welcome stranger

denove hejme
　　kvazaŭ ŝanĝas nenio...
　　　plej vasta la mond'

　　　　　home again home
　　as though nothing doth change...
　　　　the biggest of worlds

fermi fenestrojn
    je malvarmeta maten'...
        ĝis la, somero

            closing the windows
            on a chilly morning...
                see ya, summer

ekbrila vekiĝ'...
    frumatena tondroŝtorm'
    martelas domon

            awake in a flash...
        an early-morning thunderstorm
            hammers the house

fantoma nebul'
  en matena duonlum'...
    vokas kolombo

            a ghostly fog
    in the morning's halflight...
            a dove calls

meznokta vekiĝ'
   aliaj dormas, sonĝas...
      aŭto preterpasas

                    midnight awakening
       the others are sleeping, dreaming...
                        a car goes by

jen junulinoj
   premas min ĉiuflanke...
      plena aŭtobus'

                    young ladies
       pressing me on every side...
                        a full bus

novaj folioj....
    senhorloĝa momento
        en la ĝardeno

                        new leaves...
                    a clockless moment
                        in the garden

araneeto
  super la tablo pendas...
    panjo kaj ĵurnal'

                    a little spider
                dangles over the table...
                mom and the newspaper

vojflanke kreskis
  japana acereto...
    kaŝe ŝtelita

                    by the roadside
                grew a japanese maple seedling...
                secretly stolen away

matena promen'
    unue laŭ la pado...
        araneaĵoj

                    a morning walk
                first down the path...
                        spiderwebs

etaj aferoj...
   supren, suben, kaj ĉien
      flosas en sunlum'

                    tiny things...
   upwards, downwards, and everywhere
                 floating in the sunlight

bunta ĝardeno
   malantaŭ la barilo...
      enflugas paser'

                a bountiful garden
                behind the fence...
                a sparrow flies in

tiom da bluoj...
la ĉielo, la mar' kaj
ŝia bikino

so many blues...
the sky, the sea, and
her bikini

vualoj pluvaj
   kaŝas la oceanon...
      malnova kaban'

               veils of rain
          hide the ocean...
             an old cabin

suno subiras
   malantaŭ trankvila mar'...
      en miaj revoj

                sunset
        behind a tranquil sea...
           in my daydreams

sur brunaj kampoj
ĝis la blankaj montetoj...
la manoj vagas

over brown fields
to hills of white...
my hands wander

narcisoplena
   bokal' staras sur tablo...
      donaca sunlum'

               a jar of daffodils
             stands on the table...
               a gift of sunlight

malvarmiga pluv'...
   malnovan libron legi
      sub la littuko

           a bone-chilling rain...
             a favorite old book
               under the covers

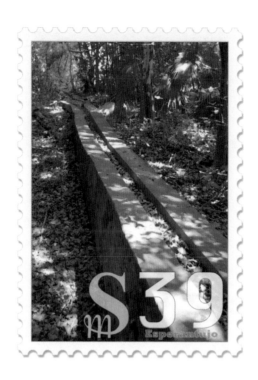

dormetas ŝtoneg'
    meztage en herbejo...
      glacieja rev'

                    a boulder naps
              at midday in the pasture...
                    dreaming of glaciers

ĉielo brila...
    sub la novaj folioj
        malvarma ombro

                    a bright sky...
                under the new leaves
                    a chilly shadow

restas neĝeroj
    sur forsitiaj vergoj...
        apud burĝonoj

                    snowflakes resting
                on the forsythia twigs...
                    next to buds

mola pluvad'...
pavimo sub abioj
restas malseka

a long, soft rain...
the pavement under the firs
remains dry

ĉe pinoj, kverkoj
   sur plata, sabla ebenaĵ'...
      hieracioj

                    by pines, oaks
              on a flat sandy plain...
                    hawkweeds

cercidofloroj
   atendadas falditaj...
      malvarma veter'

                 redbud flowers
           waiting all folded up...
                 chilly weather

aprila vento...
   tintigas sonorilojn
     skuas la florojn

          April wind...
          rings the bells
        shakes the flowers

la brulalarmil'...
   babili en la korto
      sub blua ĉiel'

         the fire alarm...
      chatting in the courtyard
        under the blue sky

velkintajn florojn
   kaŝas novaj folioj...
      jen nur arbusto

        wilting flowers
     hidden by new leaves...
       just a shrub now

en tabakejo
   pendas brunaj folioj...
    ankoraŭ danke

      in the tobacco barn
   brown leaves are hanging...
        still thankful

junuloj ridas
　　ĉe aŭtobus-haltejo...
　　　　ranoj vokadas

　　　　　　　young people laugh
　　　　at the bus stop by night...
　　　　　　　　frogs calling

subita pluvo
　　aŭdiĝas tra fenestro...
　　reendormiĝo

　　　　　　　sudden rain shower
　　heard through the open window...
　　　　　　going back to sleep

sur celta ŝelo...
ekmalfaldas flugilojn
somera cikad'

on hackberry bark...
a summer cicada
unfurls its wings

diversaj bruoj...
    aŭdiĝas nur post kiam
        cikadoj ĉesas

                            various noises...
                        audible only after
                            the cicadas stop

dumnoktaj bruoj
    majskarab' ĉe fenestro...
        junuloj festas

                        the nighttime noises
                june beetle at the window...
                        young people party

po unu guto
  pendas de ĉiu burĝon'...
    sakura sopir'

      a single droplet
  depends from each bud...
    cherry blossom sigh

post la laboro
  la pordlampo jam brilas...
    longa peza tag'

        after work
    the porchlight already shining...
       a long heavy day

aŭdiĝas muzik'
  per ĉipaj paroliloj...
    pied' frapetas

       some music
  playing through cheap speakers...
        toe tappin'

Typography

Printed using Essays 1743, a font by John Stracke, based on the typeface used in a 1743 English translation of Montaigne's Essays.

Stamps

The stamps were created using original photography by Steven Brewer edited with the GNU Image Manipulation Software and Inkscape. The postage stamp border was created by "Images by Heather M" and is used by permission. The symbol for Spesmilo was created by wikipedia user Kwamikagami is in the public domain.

Haiku

The haiku were written in 2010 and posted at twitter.com/limako. The haiku originally appeared in a single line, but have been organized for publication into three lines of 5-7-5 syllables. The elipsis (or -) represents the strong break and indicates where the cutting word (or kigo) would be placed if they were in Japanese.

Tipografio

Presita per Essays 1743, literfonto fare de John Stracke, bazita per la literfonto uzita en 1743 angla traduko de la eseoj de Montaigne.

Poŝtmarkoj

La poŝtmarkojn oni faris kun originalaj fotoj fare de Steven Brewer redaktitaj per GNU Image Manipulation Package kaj Inkscape. La poŝtmarkan randon kreis "Images by Heather M" kaj uziĝas kun permeso. La simbolo por Spesmilo estas fare de vikipedia uzanto Kwamikagami kaj estas en la publika domajno.

Hajkoj

La hajkoj estis verkitaj dum 2010 kaj aperis ĉe twitter.com/limako. La hajkoj originale aperis en unu linio, sed ĉi tie estas organizitaj por eldonado en tri linoj de 5-7-5 silaboj. La elipso aŭ (-) reprezentas la fortan tranĉon kaj indikas kie la tranĉvorto (aŭ kigo) aperus se ili estus en la japana.

About the Author

Steven Brewer, while a doctoral student, no longer had time to study Esperanto. But he could find enough time to write haiku in Esperanto, which he would exchange with his brother by email. This led to a fascination with the contrast between the utter flexibility of the rules of Esperanto and the rigid structure and minimalistic limits of haiku. Currently Brewer posts haiku daily at twitter.com/limako.

Brewer lives in Amherst, Massachusetts and is Director of the Biology Computer Resource Center at the University of Massachusetts Amherst.

Pri la Aŭtoro

Steven Brewer, dum doktora studento, ne plu havis tempon por studi Esperanton. Sed li povis trovi la tempon por verki hajkojn Esperante, kiujn li interŝanĝis tage kun sia frato per retpoŝto. Interesegis lin la kontrasto inter la tuta flekseblecco de la reguloj de Esperanto kaj la rigida strukturo kaj minimalecaj limoj de hajko. Nuntempe Brewer afiŝas hajkojn tage ĉe twitter.com/limako.

Brewer loĝas en Amherst, Massachusetts kie li estras la Biologia Komputika Centro ĉe la Universitato de Masaĉuseco ĉe Amherst.

Made in the USA
Charleston, SC
06 December 2010